This book belongs to:

_____

Month: _____   Week of: _____

M	
T	
W	
T	
F	
S	
S	

Month: _____   Week of: _____

M	
T	
W	
T	
F	
S	
S	

Month: _____   Week of: _____

M	
T	
W	
T	
F	
S	
S	

Month: _____ Week of: _____

M	
T	
W	
T	
F	
S	
S	

Month: _____   Week of: _____

M	
T	
W	
T	
F	
S	
S	

Month: _____   Week of: _____

M	
T	
W	
T	
F	
S	
S	

Month: Week of:

M	
T	
W	
T	
F	
S	
S	

Month: _____   Week of: _____

M	
T	
W	
T	
F	
S	
S	

Month: Week of:

M	
T	
W	
T	
F	
S	
S	

Month: Week of:

M	
T	
W	
T	
F	
S	
S	

Month: _____   Week of: _____

M	
T	
W	
T	
F	
S	
S	

Month: _____   Week of: _____

M	
T	
W	
T	
F	
S	
S	

Month: _____   Week of: _____

M	
T	
W	
T	
F	
S	
S	

Month: Week of:

M	
T	
W	
T	
F	
S	
S	

Month: _____   Week of: _____

M	
T	
W	
T	
F	
S	
S	

Month: Week of:

M	
T	
W	
T	
F	
S	
S	

Month: _____   Week of: _____

M	
T	
W	
T	
F	
S	
S	

Month: _____ Week of: _____

M	
T	
W	
T	
F	
S	
S	

Month: Week of:

M	
T	
W	
T	
F	
S	
S	

Month: _____   Week of: _____

M	
T	
W	
T	
F	
S	
S	

Month: Week of:

M	
T	
W	
T	
F	
S	
S	

Month: _____   Week of: _____

M	
T	
W	
T	
F	
S	
S	

Month: _____   Week of: _____

M	
T	
W	
T	
F	
S	
S	

Month: _____   Week of: _____

M	
T	
W	
T	
F	
S	
S	

Month: _____   Week of: _____

M	
T	
W	
T	
F	
S	
S	

Month: _____   Week of: _____

M	
T	
W	
T	
F	
S	
S	

Month: Week of:

M	
T	
W	
T	
F	
S	
S	

Month: _____   Week of: _____

M	
T	
W	
T	
F	
S	
S	

Month: _____　　　　Week of: _____

M	
T	
W	
T	
F	
S	
S	

Month: _____   Week of: _____

M	
T	
W	
T	
F	
S	
S	

Month: _____   Week of: _____

M	
T	
W	
T	
F	
S	
S	

Month: _____   Week of: _____

M	
T	
W	
T	
F	
S	
S	

Month: _____ Week of: _____

M	
T	
W	
T	
F	
S	
S	

Month: Week of:

M	
T	
W	
T	
F	
S	
S	

Month: _____   Week of: _____

M	
T	
W	
T	
F	
S	
S	

Month: _____   Week of: _____

M	
T	
W	
T	
F	
S	
S	

Month: _____   Week of: _____

M	
T	
W	
T	
F	
S	
S	

Month: _____   Week of: _____

M	
T	
W	
T	
F	
S	
S	

Month: Week of:

M	
T	
W	
T	
F	
S	
S	

Month: _____   Week of: _____

M	
T	
W	
T	
F	
S	
S	

Month: _____   Week of: _____

M	
T	
W	
T	
F	
S	
S	

Month: _____   Week of: _____

M	
T	
W	
T	
F	
S	
S	

Month: Week of:

M	
T	
W	
T	
F	
S	
S	

Month: _____   Week of: _____

M	
T	
W	
T	
F	
S	
S	

Month: Week of:

M	
T	
W	
T	
F	
S	
S	

Month: _____   Week of: _____

M	
T	
W	
T	
F	
S	
S	

Month: _____   Week of: _____

M	
T	
W	
T	
F	
S	
S	

Month: Week of:

M	
T	
W	
T	
F	
S	
S	

Month: _____   Week of: _____

M	
T	
W	
T	
F	
S	
S	

Month: _____   Week of: _____

M	
T	
W	
T	
F	
S	
S	

Month: _____   Week of: _____

M	
T	
W	
T	
F	
S	
S	

Month: Week of:

M	
T	
W	
T	
F	
S	
S	

Printed in Great Britain
by Amazon